BEI GRIN MACHT SICH IHR WISSEN BEZAHLT

AF145735

- Wir veröffentlichen Ihre Hausarbeit,
  Bachelor- und Masterarbeit

- Ihr eigenes eBook und Buch -
  weltweit in allen wichtigen Shops

- Verdienen Sie an jedem Verkauf

Jetzt bei www.GRIN.com hochladen und kostenlos publizieren

Bibliografische Information der Deutschen Nationalbibliothek:

Die Deutsche Bibliothek verzeichnet diese Publikation in der Deutschen National-
bibliografie; detaillierte bibliografische Daten sind im Internet über http://dnb.d-
nb.de/ abrufbar.

Impressum:

Copyright © 2014 GRIN Verlag, Open Publishing GmbH
Druck und Bindung: Books on Demand GmbH, Norderstedt Germany
ISBN: 9783668377318

Dieses Buch bei GRIN:

http://www.grin.com/de/e-book/350536/make-or-buy-rentabilitaetsuntersuchung-
zur-alternativen-investitionsentscheidung

Anonym

Make or Buy. Rentabilitätsuntersuchung zur alternativen Investitionsentscheidung über die Neuanschaffung eines multifunktionalen Bearbeitungszentrums oder die Fremdvergabe einer Bauteilfertigung

GRIN Verlag

GRIN - Your knowledge has value

Der GRIN Verlag publiziert seit 1998 wissenschaftliche Arbeiten von Studenten, Hochschullehrern und anderen Akademikern als eBook und gedrucktes Buch. Die Verlagswebsite www.grin.com ist die ideale Plattform zur Veröffentlichung von Hausarbeiten, Abschlussarbeiten, wissenschaftlichen Aufsätzen, Dissertationen und Fachbüchern.

Besuchen Sie uns im Internet:

http://www.grin.com/

http://www.facebook.com/grincom

http://www.twitter.com/grin_com

Projektarbeit

im Rahmen der Fortbildungsmaßnahme

Geprüfter Technischer Betriebswirt IHK
- Prüfungsteil 3 -

Thema:

Rentabilitätsuntersuchung zur alternativen Investitionsentscheidung über die Neuanschaffung eines multifunktionalen Bearbeitungszentrums oder die Fremdvergabe einer Bauteilfertigung.

Abgegeben an:

IHK Nord Westfalen
Rathausplatz 7
45894 Gelsenkirchen

Erstellungszeitraum:

Ausgabedatum: 17.06.2014
Abgabedatum: 17.07.2014

1. Inhaltsverzeichnis

2. Einleitung

2.1 Vorstellung des Unternehmens

Die Johanis & Klaas GmbH ist mit seiner klaren Strukturierung auf den Gebieten Energie und Infrastrukturlösungen Anbieter für innovative Produkte und Technologien. Mit insgesamt 320 Mitarbeitern in über 12 Ländern unterstützt das im Jahr 1960 gegründete Unternehmen seine Kunden mit neuartigen Techniken und umfassendem Knowhow weltweit bei der Lösung ihrer geschäftlichen und technischen Aufgaben. Der Umsatz beläuft sich im Geschäftsjahr 2013 auf 86 Mio. Euro.

Im Jahr 1990 erweiterte die Johanis & Klaas GmbH ihr Geschäftsfeld durch die Übernahme der seit 1967 bestehenden Keltermann & Co. KG um eine weitere Produktpalette „Industriegetriebe".

Diese Komponenten werden nach DIN EN ISO 9001 an dem zertifizierten Standort Düsseldorf gefertigt und in Köln montiert. Im Jahr 2008 wurde in Köln eine der modernsten Produktionsflächen für Industriegetriebe geschaffen. Von der Kunststoff- über die Papierindustrie bis hin zu den unterschiedlichsten Anwendungen werden hier die verschiedensten Bereiche abgedeckt und die Produkte termingerecht gefertigt. Neben der Montage sind u.a. auch der Vertrieb und die Konstruktion an diesem Standort untergebracht.

Im Düsseldorfer Werk sind u. a. die Bereiche Forschung und Entwicklung, Ausbildung sowie die Teilefertigung, welche den Produktionsstandort Köln beliefert, zu Hause.

Ganzheitliche Planung und Optimierung der Montage- und Fertigungsprozesse garantieren eine ökonomische Wertschöpfungskette. Die Johanis & Klaas GmbH ist bestrebt durch ständige Verbesserung und Einführung von neuen Techniken und Arbeitsweisen eine konsequente Produktivitätssteigerung und Kostensenkung zu erzielen.

Der stetige Wandel und die sich immer schneller entwickelnden Technologien erfordern Mitarbeiter, die mitdenken und bemüht sind die Bedürfnisse des Marktes zu erkennen, um so die Wirtschaftlichkeit und Wettbewerbsfähigkeit zu sichern.

Standort	: Köln
Mitarbeiter	: ca. 80
Fläche	: 65.000 m²
Fachabteilungen	: Montage
	Vertrieb
	Konstruktion
	Controlling u.w.

Abbildung 1: Fotoaufnahme Industriegebiet Köln
Quelle: http://www.stadt-koeln.de/wirtschaft/branchen/industrie
(öffentliches Dokument, 13.12.2016, 13:24 Uhr)

Standort	: Düsseldorf
Mitarbeiter	: ca. 100
Fläche	: 87.000 m²
Fachabteilungen	: Einzelteilfertigung
	Forschung & Entwicklung
	Ausbildung u.w.

Abbildung 2: Fotoaufnahme Industriegebiet Düsseldorf
Quelle: https://de.wikipedia.org/wiki/Nordrhein-Westfalen
(öffentliches Dokument, 14.12.2016, 08:21 Uhr)

Das folgende Organigramm macht die Integration der Produktionsstandorte Köln und Düsseldorf in der Organisation deutlich:

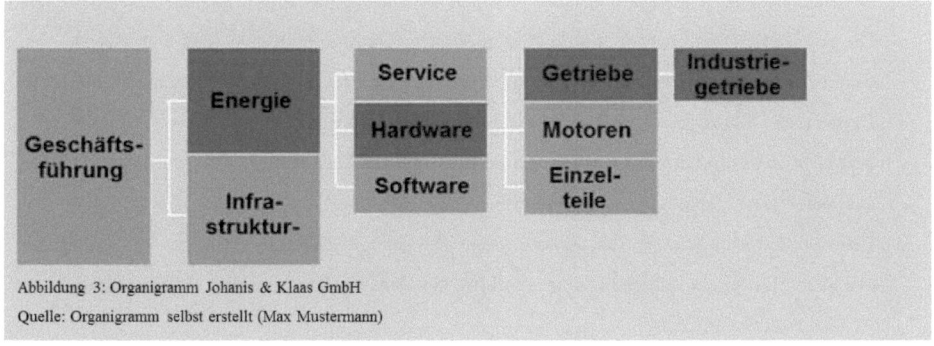

Abbildung 3: Organigramm Johanis & Klaas GmbH
Quelle: Organigramm selbst erstellt (Max Mustermann)

2.2 Vorgehensweise

Zu untersuchen ist, ob die Investitionsentscheidung über die Neuanschaffung eines multifunktionalen Bearbeitungszentrums oder die Fremdvergabe einer Bauteilfertigung sinnvoll ist.

Die Investitionsrechnungen werden auf Basis der dem Einzelfall angemessenen Methode vorbereitet und das Ergebnis auf ihre Vorteilhaftigkeit für das Unternehmen beurteilt.

Für die Entscheidungsfindung spielen neben quantitativen auch die qualitativen Merkmale eine wichtige Rolle, welche mittels einer Nutzwertanalyse im Laufe der Projektarbeit noch genauer veranschaulicht werden.

Zunächst wird die IST-Situation mit der Problemstellung und den technischen Aspekten aufgeführt. Anhand der SOLL-Situation und einer Wirtschaftlichkeitsuntersuchung ist anschließend eine Entscheidung zu treffen, welche im Fazit zusammen mit den zentralen Ergebnissen dargestellt wird.

3. Darstellung des IST-Zustandes
3.1 Problemstellung

Die Standorte Köln und Düsseldorf pflegen eine interne Kunden-Lieferanten-Beziehung. Das Werk in Köln klagt vermehrt über Montagekomplikationen, welche durch Qualitäts- und Maßabweichungen von Zahnradachsen hervorgerufen werden.

Diese Bauteile werden maschinell in Düsseldorf in der Reihenfolge Drehen, Bohren, Härten und Schleifen gefertigt und durch das Montagewerk in Köln bezogen.

Die gefertigten Teile werden mittels Stichprobenverfahren (Zufallsauswahl) kontrolliert.

Eine Maschinenfähigkeitsuntersuchung ergab, dass die beschriebenen Probleme während des Dreh- und Bohrvorgangs auf dem 12 Jahre alten multifunktionalen Bearbeitungszentrum auftreten. Aufgrund der altersbedingten Schäden wurde eine Modifikation und Instandsetzung ausgeschlossen. Zudem weist die Maschine keinen Restwert aus.

Eine weitere Betrachtung der Arbeitsgänge Härten und Schleifen, die prozessbedingt auf anderen Maschinen fehlerfrei durchgeführt werden, findet in dieser Projektarbeit keine weitere Berücksichtigung.

3.2 Beschreibung des Bauteils

In fast jedem Industriegetriebe sind Zahnradachsen verbaut. Zahnräder werden durch das Aufschrumpfen direkt mit den Zahnradachsen verbunden oder mittels Wälzlager auf der Zahnradachse gelagert (siehe Abbildung 5). Je nach Getriebeart und Größe der Johanis & Klaas GmbH können bis zu 20 Zahnradachsen in verschiedenen Varianten in einem Getriebe verbaut werden. Zum besseren Verständnis wird nachfolgend die Zahnradachse, welche die Probleme hervorruft, mittels einer Einzelteil- und Baugruppenzeichnung veranschaulicht. Die Abbildung 4 zeigt den Ausschnitt einer Fertigungszeichnung für eine Zahnradachse. In der Baugruppenzeichnung (Abbildung 5) wird farblich markiert die Position einer Zahnradachse dargestellt.

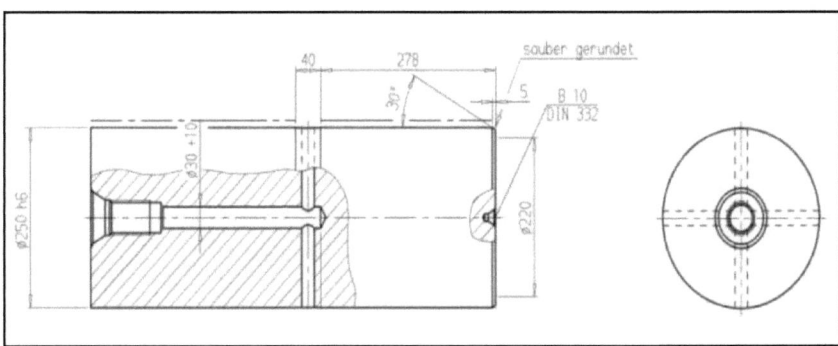

Abbildung 4: Ausschnitt Fertigungszeichnung
Quelle: Zeichnung selbst erstellt (Max Mustermann)

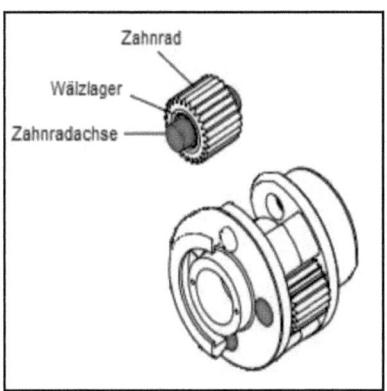

Abbildung 5: Baugruppenzeichnung der Zahnradachse
Quelle: Zeichnung selbst erstellt (Max Mustermann)

Die umschriebene Zahnradachse aus Qualitätsstahl hat ein Gewicht von 250 kg und wird monatlich ca. 300 mal am Standort Köln verbaut. Der jährliche Bedarf des Bauteils beträgt somit ca. 3.600 Stk. und ist in der Regel je nach Auftragslage variabel.

Alle in Düsseldorf gefertigten Teile werden mittels Stichprobenverfahren einmal wöchentlich kontrolliert. Des Weiteren erfolgt eine 15-stündige jährliche Wartung und Inspektion des multifunktionalen Bearbeitungszentrum.

3.3 Beschreibung der Kapazität im Unternehmen

Das multifunktionale Bearbeitungszentrum läuft in einem 3 Schicht-Betrieb, um die hohen Stückzahlen zu bewältigen.

Ermittlung der Maschinenkapazität von dem Bearbeitungszentrum:

Gesamte Kapazität	365 Tage/Jahr
Arbeitsfreie Tage	116 Tage/Jahr
Stillstände durch Reparaturen und Wartung	15 Tage/Jahr
Urlaub, Seminare und Krankheit	14 Tage/Jahr
Tatsächliche Kapazität	220 Tage/Jahr

Die arbeitsfreien Tage setzen sich aus Wochenenden, Feiertagen und Tagen, an welchen der Betrieb ruht, zusammen. Stillstände sind leider nicht vermeidbar und werden erfahrungsbedingt mit 15 Tagen berechnet. Des Weiteren fallen 14 Tage für Urlaub, Seminare und Krankheit an, an welchen oftmals kurzfristig keine Ersatzkapazität greifbar ist. Anhand der tatsächlichen Kapazität, den Erfahrungen und Kennzahlen der letzten Jahre ergibt sich eine jährlich gefertigte Stückzahl von ca. 3.600 Stk. Dies bedeutet, dass die geforderten Stückzahlen pro Jahr mit einem Bearbeitungszentrum erreicht werden.

4. Darstellung des SOLL-Zustandes

4.1 Ziele der Untersuchungen

Durch die folgenden Berechnungen, Analysen und einzuleitenden Maßnahmen sollen Maß- und Qualitätsschwankungen, das störungsbedingte Anwachsen der Durchlaufzeit sowie Qualitätskosten in der Fertigung und Montage vermieden werden. Das Werk in Köln ist bereit, eine Preiserhöhung einzugehen und für die Herstellung pro Zahnradachse 370,00 € zu zahlen, wenn fehlerfreie und hundertprozentig geprüfte Bauteile geliefert werden. Aufgrund der erläuterten Problemstellung muss eine schnelle und rentable Lösung gefunden werden. Im Vorfeld wurde aus Gesprächen mit der Betriebsleitung, dem Controlling und Qualitätswesen deutlich, dass es nur zwei Möglichkeiten zur Behebung der Qualitäts- und Maßabweichungen gibt.

Verfahren 1:

Die Johanis & Klaas GmbH tätigt die Investition über die Neuanschaffung (Ersatzinvestition) eines multifunktionalen Bearbeitungszentrums und führt die hundertprozentige Kontrolle aus.

Verfahren 2:

Die Johanis & Klaas GmbH beauftragt ein spezialisiertes Unternehmen mit der Herstellung und Endkontrolle der Zahnradachsen.

Die Ziele der Rentabilitätsuntersuchung:

- Risikovermeidung durch Behebung der Ausschuss-Teile
- Gewinnmaximierung durch die Auswahl des richtigen Verfahrens
- Imageverbesserung durch hohe Qualität
- Realisierung der geforderten Qualität
- Durchlaufzeitverkürzung
- Fehlerfreie Prozesse

4.2 Darstellung der Verfahren

4.2.1 Vorstellung des Bearbeitungszentrums

Um eine Vorstellung von dem neu anzuschaffenden multifunktionalen Bearbeitungszentrum zu erhalten, sind nachfolgend eine kurze Beschreibung und ein Bild zur Veranschaulichung dargestellt.

Abbildung 6: WFL M50 Millturn, multifunktionales Bearbeitungszentrum
Quelle: http://www.wfl.at/Products/Millturns/MillturnsM40M40GM50?sc_lang=de (11.07.2014, 21:21 Uhr)

Die WFL Millturn Technologies GmbH & Co. KG ist der führende Anbieter auf dem Gebiet der multifunktionalen Dreh-Bohr-Fräszentren. Zum Produktportfolio des Unternehmens mit Hauptsitz im österreichischem Linz gehört auch die CNC WFL M50 Millturn, ein universell einsetzbares Bearbeitungszentrum zur Fertigung unterschiedlichster Serien- bzw. Dreh-Bohr-Fräs-Bauteile.

Die Maschine verkörpert die Kombination einer Drehmaschine, eines 5-Achsen-Bearbeitungszentrums und einer 3-D-Messmaschine. Die B-Achse ermöglicht neben dem Fertigen von schrägen Flächen und Bohrungen auch das Drehen komplexer Konturen in einem Zug. Eine permanente LAN-Schnittstelle ermöglicht den Informationsfluss zwischen Maschinensteuerung, Programmierer und Arbeitsvorbereitung, jedoch kann die Steuerung auch manuell über einen Computer erfolgen. Durch den Einsatz einer WFL M50 Millturn wird mithilfe modernster CNC-Technik eine ausgezeichnete Produktqualität erreicht. Die neu gewonnene Flexibilität ermöglicht qualitative Ergebnisse auf höchstem Niveau.

Die folgende Tabelle macht einige technische Daten der WFL M50 Millturn deutlich:

Spitzenweite	mm	2000/3000
Dreh-Ø max. zwischen Spitzen	mm	670
Drehzahl max. Drehspindel	min-1	3300
Drehzahl max. Frässpindel	min-1	6000/9000/12000
Kühlmitteldruck max. durch Spindel	bar	80
Verfahrweg Y-Achse	mm	400(-175/+225)
Verfahrweg X-Achse	mm	800(-20/+780)
Steuerung Siemens	Type	SINUMERIK 840D

Tabelle 1: Ausschnitt der technischen Daten der WFL M50 Millturn
Quelle: http://www.wfl.at/Products/Millturns/MillturnsM40M40GM50?sc_lang=de (11.07.2014, 21:53 Uhr)

4.2.2 Vorstellung des Dienstleisters

Die Justasia GmbH & Co. KG ist ein innovatives mittelständisches Unternehmen im Rheinland und kann auf eine über 140-jährige Erfahrung zurückgreifen. Neben dem Maschinenbau zählt das Unternehmen das Fertigen und Prüfen von Dreh-Bohr- und Frästeilen zu seinen Dienstleistungen. Ihren Kunden bietet die Justasia GmbH & Co. KG einen umfangreichen Maschinenpark von Hochleistungs-CNC-Werkzeugmaschinen auf dem neuesten Stand der Technik. Langjähriges Knowhow und vielfältige Kompetenzen ermöglichen, die unterschiedlichsten Anforderungen mit hoher Qualität zu erfüllen.

Mit ca. 300 Mitarbeitern und rd. 50 Mio. Euro Jahresumsatz besteht die Justasia GmbH & Co. KG aus sieben Einzelunternehmen an insgesamt fünf Standorten. Das Fertigen der Zahnradachsen wird am Standort Düsseldorf durchgeführt. Durch die Zertifizierung nach DIN EN ISO 9001 wird ein reibungsloser Prozessverlauf gewährleistet.

Die Justasia GmbH & Co. KG hat bereits in der Vergangenheit mit der Johanis & Klaas GmbH kooperiert. Die Liefertreue und die Qualität der bisher gelieferten Drehteile waren beeindruckend. Durch die unmittelbare Nähe zum Johanis & Klaas GmbH Standort Düsseldorf und der täglichen Route des internen Werkverkehrs der Johanis & Klaas GmbH, die auch die Firma Justasia GmbH & Co. KG einschließt, decken sich die die Transportkosten der beiden Verfahren.

4.3 Kapazitäten der beiden Verfahren

Laut Vorgabe müssen die 2 Verfahren eine monatliche Ausbringung von mindestens 300 Stk. bzw. 3.600 Teile/Jahr vorweisen.

Sowohl die Fa. WFL Millturn Technologies GmbH & Co. KG als auch die Justasia GmbH & Co. KG haben nach den Vorgaben folgende Angaben über die Kapazitäten getroffen:

1. Bearbeitungszentrum WFL M50 Millturn : an 220 Arbeitstagen/Jahr ca. 3.600 Stk.
2. Dienstleister Justasia GmbH & Co. KG   : mind. 300 Stk./Monat

Bearbeitungszentrum WFL M50 Millturn:

Das multifunktionale Bearbeitungszentrum würde bei einer täglichen Arbeitszeit von 24 Stunden und 220 Arbeitstagen im Jahr eine Anzahl von ca. 3.600 gefertigten Teilen pro Jahr erreichen. Kennzahlen aus der Vergangenheit des gleichen Maschinentyps belegen, dass dieser Wert realistisch ist. Der Kaufpreis der WFL M50 Millturn liegt bei 1.208.774 €. Enthalten sind darin Schulungen des Personals, die Montage, die Inbetriebnahme sowie die Einrichtung der Maschine auf die Zahnradachse.

Dienstleister Justasia GmbH & Co. KG :

Der Dienstleister erfüllt ebenfalls die Vorgabe und bestätigt eine hundertprozentige Abdeckung des geforderten Bedarfes. Laut Angebot berechnet die Firma Justasia GmbH & Co. KG für 1 Stk. 360,00 € bei einer monatlichen Abnahme von 300 Stk. Dies verursacht bei einer Stückzahl von 3.600 Stück pro Jahr Gesamtkosten von 1.296.000,00 €.

Nachfolgend wird überprüft, welches der beiden Verfahren aus wirtschaftlicher Sicht in Frage kommt.

5. Wirtschaftlichkeitsuntersuchungen

5.1 Kostenermittlung

5.1.1 Kostenermittlung für die Neuanschaffung

Anschaffungskosten Maschine:	1.208.774,00 €
Wiederbeschaffungskosten:	Preissteigerung 2% p.a.
Nutzungsdauer:	10 Jahre
Kalkulationszinssatz (Vorgabe betriebsintern):	8,5 %
Restwert nach 10 Jahren (geschätzt):	150.000,00 €

Wiederbeschaffungskosten:
Anschaffungskosten x Preissteigerung
(2% p.a.) auf 10 Jahre gerechnet
$1.208.774,00 € \times 1,02^{10} =$ 1.473.488,76 €

Kalkulatorische Abschreibung:
(Wiederbeschaffungswert – Restwert) / Nutzungsdauer
(1.473.488,76 € - 150.000 €) / 10 Jahre =   132.348,88 €/Jahr

Kalkulatorische Zinsen:
[(Anschaffungskosten + Restwert) / 2] x kalk. Zinssatz
[(1.208.774 € + 150.000 €) / 2] x 0,085 % =   57.747,90 €/Jahr

Raumkosten:
Der Platzbedarf für das Bearbeitungszentrum beträgt
38 m². Der Raumkostensatz beträgt 5 € / m² im Monat.
Raumkosten = Platzbedarf x Raumkostensatz x 12 Monate
38 m² x 5 € x 12 Monate =   2.280,00 €/Jahr

Wartung-/ Instandhaltungskosten: 2.500,00 €/Jahr

Energiekosten:

Laut Hersteller hat die Maschine einen
Verbrauch von 26 KW/h. Der aktuelle
Strompreis für die Industrie beträgt 0,086 €/KWh.

Energiekosten = Jahreslaufzeit x Leistung x Strompreis

5.280 Std/Jahr. x 26 KWh x 0,086 €/KWh =   11.806,08 €/Jahr

Sonstige Betriebs- / Hilfsstoffe:

Für sonstige Betriebs- / Hilfsstoffe (z.B. Reinigungsmittel)
werden pauschal 300 € / Jahr veranschlagt =   300,00 €/Jahr

Personalkosten:

Für die Maschinenbedienung und das Prüfen wird eine
Person mit 3,5 Std. / Tag veranschlagt. Die Lohnkosten
belaufen sich hierbei auf 12.600 € / Jahr =   12.600,00 €/Jahr

Des weiteren fallen GK von 46,5 % an =   5.859,00 €/Jahr

Materialkosten:

Die Materialkosten pro Stück betragen 294 €.

Jahresaufwand = Stückkosten x Jahresbedarf

294 €/Stk. X 3600 Stk. =   1.058.400,00 €/Jahr

5.1.2 Kosten durch den Dienstleister

Herstellungskosten:

Die Justasia GmbH & Co. KG berechnet für die
Herstellung des Dreh-Bohrteils 360,00 €/Stk. bei einer
Abnahmemenge von 300 Stk. im Monat.

Jahresaufwand = Stückkosten x Jahresbedarf

360 €/Stk. X 3600 Stk. =   1.296.000,00 €/Jahr

5.2. Statische Investitionsrechenverfahren

Statische Verfahren der Investitionsrechnung sind einfache Vergleichsverfahren anhand der Bewertungskriterien Kosten, Gewinn, Rentabilität und Amortisation. Die Verfahren werden in der Praxis überwiegend verwendet, und gehen nur von einer Periode aus, die als repräsentativ gesehen wird. Es werden keine zeitlichen Unterschiede von Einnahmen und Ausgaben berücksichtigt. Des Weiteren werden für die Berechnung nur Durchschnittswerte (kalk. Zinsen und kalk. Abschreibung) verwendet.

5.2.1 Kosten- / Gewinnvergleichsrechnung

Anhand der ermittelten Kosten (siehe Abschnitt 5.1) lässt sich nun eine Kosten-/Gewinnvergleichsrechnung durchführen. Das Werk Köln ist bereit eine für die Fertigung pro Zahnradachse 370,00 € zu zahlen (siehe Abschnitt 4.1).

Bezeichnung:	WFL M50 Millturn	Justasia GmbH & Co. KG
kalk. Abschreibungen:	132.348,88 €	
kalk. Zinsen:	57.747,90 €	
Raumkosten:	2.280,00 €	
Instandhaltungskosten:	2.500,00 €	
Energiekosten:	11.806,08 €	
Betriebs-/Hilfsstoffe:	300,00 €	
Personalkosten:	12.600,00 €	
Gemeinkosten:	5.859,00 €	
Materialkosten	1.058.400,00 €	
Kosten/Jahr:	1.283.841,86 €	1.296.000,00 €
Kosten/Stk.	356,62 €	360,00 €
Erlös/Jahr	1.332.000,00 €	1.332.000,00 €
Erlös/Stk.	370,00 €	370,00 €
Gewinn pro Jahr = Erlös/Jahr - Kosten/Jahr	48.158,14 €	36.000,00 €
Gewinn pro Stk. = Erlös/Stk. - Kosten/Stk.	13,38 €	10,00 €

Tabelle 2: Kosten-/Gewinnvergleichsrechnung

Quelle: Tabelle selbst erstellt (Max Mustermann)

Aus den statischen Vergleichsrechnungen ist ersichtlich, dass eine Investition in das Bearbeitungszentrum lukrativer als eine Fremdvergabe ist, wobei aber beide Verfahren einen Gewinn vorweisen.

5.2.2 Rentabilitätsrechnung

Die Rentabilitätsrechnungen baut auf den Ergebnissen der Kosten-/ Gewinnvergleichsrechnungen auf und berücksichtigt dabei den erforderlichen Kapitaleinsatz. Es wird eine absolute Vorteilhaftigkeit errechnet.

Mithilfe der ermittelten Werte (siehe Abschnitt 5.1 und 5.2.1) verdeutlicht die folgende Rechnung die Rentabilität des abnutzbaren Anlagengutes der WFL M50 Millturn.

$$\text{Rentabilität (brutto) in } \% = \frac{\text{Gewinn} + \text{kalk. Zinsen}}{\varnothing \text{ gebundenes Kapital}} \times 100$$

$$15{,}59 \% \text{ (brutto)} = \frac{48.158{,}14 \,€ + 57.747{,}90 \,€}{679.387{,}00 \,€} \times 100$$

$$\text{Rentabilität (netto) in } \% = \frac{\text{Gewinn}}{\varnothing \text{ gebundenes Kapital}} \times 100$$

$$7{,}09 \% \text{ (netto)} = \frac{48.158{,}14 \,€}{679.387{,}00 \,€} \times 100$$

$$\varnothing \text{ gebundenes Kapital} = \frac{\text{Anschaffungskosten} + \text{Restwert}}{2}$$

$$679.387{,}00 \,€ = \frac{1.208.774{,}00 \,€ + 150.000{,}00 \,€}{2}$$

Bezeichnung:	WFL M50 Millturn
Gewinn pro Jahr	48.158,14 €
kalk. Zinsen	57.747,90 €
Anschaffungskosten	1.208.774,00 €
Restwert	150.000,00 €
Rentabilität (brutto)	**15,59%**

Tabelle 3: Rentabilitätsrechnung (brutto)
Quelle: Tabelle selbst erstellt (Max Mustermann)

Bezeichnung:	WFL M50 Millturn
Gewinn pro Jahr	48.158,14 €
Anschaffungskosten	1.208.774,00 €
Restwert	150.000,00 €
Rentabilität (netto)	**7,09%**

Tabelle 4: Rentabilitätsrechnung (netto)
Quelle: Tabelle selbst erstellt (Max Mustermann)

Die Rendite des eingesetzten Kapitals liegt bei dem Bearbeitungszentrum bei 15,59 % brutto und 7,09 % netto.

5.2.3 Amortisationsrechnung

Die Amortisationsrechnung gehört ebenfalls zu den statischen Verfahren der Investitionsrechnung und baut auch auf den Ergebnissen der Kosten- / Gewinnvergleichsrechnung auf. Sie zeigt auf, in welchem Zeitraum sich der Kapitaleinsatz einer Investition durch Einnahmeüberschüsse zurückgewonnen wird.

Amortisationszeit = Anschaffungswert – Restwert / Gewinn + kalk. Abschreibung

Amortisationszeit = (1.208.774,00 € - 150.000,00 €) / (48.158,14 € + 132.348,88 €)

Amortisationszeit = 5,9 Jahre

Aus der Berechnung geht hervor, dass das eingesetzte Kapital für die Maschine innerhalb von 5,9 Jahren wieder eingenommen wird.

5.3 Nutzwertanalyse

Um die Auswahl der beiden Verfahren weiter einzugrenzen, ist die Nutzwertanalyse ein sehr gutes Hilfsmittel. Die vorangegangene statische Investitionsrechnung ist ein quantitatives Verfahren. Nutzwertanalysen berücksichtigen zusätzliche, qualitative Merkmale von Investitionsverfahren, die mittels Gewichtung gegenübergestellt werden. Um eine einseitige Beurteilung auszuschließen, werden Mitarbeiter aus dem technischen und kaufmännischen Bereich einbezogen.

Die Nutzwertanalyse wird in mehreren Stufen durchgeführt:

1. Festlegung der Zielkriterien
2. Gewichtung der Zielkriterien mit Gewichtungsfaktoren
3. Bestimmung der Teilnutzen jeder Alternative
4. Ermittlung des Nutzwertes durch Addition der Teilnutzen
5. Entscheidung für eine Investition

5.3.1 Kriterienermittlung

Folgende Kriterien werden für beide Verfahren festgelegt:

1. Kosten

2. Qualität

3. Kapazität (z.B. ausreichende Kapazität bei Erhöhung der Bedarfe)

4. Liefertreue

5. Flexibilität (z.B. bei Änderungen der Varianten)

6. Reaktionszeit (z.B. bei Erhöhung der Bedarfe)

7. Prozesssicherheit

Die weitere Vorgehensweise sieht eine Gewichtung der Kriterien, von weniger wichtig bis sehr wichtig, vor (siehe Abschnitt 5.3.2). Danach erfolgt die Alternativbeurteilung anhand der Kriterien von sehr gut bis sehr schlecht (siehe Abschnitt 5.3.3).

5.3.2 Kriteriengewichtung

Nr.	Kriterien	Gewichtungsfaktor
1	Kosten	25
2	Qualität	20
3	Kapazität	15
4	Liefertreue	15
5	Flexibilität	5
6	Reaktionszeit	10
7	Prozesssicherheit	10

Tabelle 5: Nutzwertanalyse (Kriteriengewichtung)

Quelle: Tabelle selbst erstellt (Max Mustermann)

Gewichtung: 5 = weniger wichtig bis 25 = sehr wichtig

5.3.3 Beurteilung

Die folgende Tabelle zeigt die Alternativbeurteilung anhand der Kriterien von sehr gut bis sehr schlecht. Um eine einseitige Beurteilung auszuschließen, werden Mitarbeiter aus dem technischen und kaufmännischen Bereich einbezogen.

	Beurteilung	
Kriterium / Projekt	WFL M50 Millturn	Justasia GmbH & Co. KG
Kosten	10	8
Qualität	10	10
Kapazität	5	8
Liefertreue	7	6
Flexibilität	8	7
Reaktionszeit	8	6
Prozesssicherheit	8	8

Tabelle 6: Nutzwertanalyse (Beurteilung)
Quelle: Tabelle selbst erstellt (Max Mustermann)

Punktewertung: 10 = sehr gut bis 1 = sehr schlecht

5.3.4 Ergebnisermittlung Nutzwertanalyse

In der Nutzwertanalyse werden die Gewichtungsfaktoren mit den Beurteilungen multipliziert. Alle Werte der Multiplikation zwischen den Gewichtungen und den Beurteilungen werden addiert. Die Ergebnisse werden in der folgenden Tabelle dargestellt.

Nutzwertanalyse					
Kriterien	Gewichtung	Verfahren			
		WFL M50 Millturn		Justasia GmbH & Co. KG	
		Beurteilung	Ergebnis	Beurteilung	Ergebnis
Kosten	25	10	250	8	200
Qualität	20	10	200	10	200
Kapazität	15	5	75	8	120
Liefertreue	15	7	105	6	90
Flexibilität	5	8	40	7	35
Reaktionszeit	10	8	80	6	60
Prozeßsicherheit	10	8	80	8	80
Punktezahl	100		830		785
Rangfolge			1.		2.

Tabelle 7: Nutzwertanalyse (Ergebnisermittlung)
Quelle: Tabelle selbst erstellt (Max Mustermann)

Wie in der Kosten- / Gewinnvergleichsrechnung zeigt auch die Nutzwertanalyse, dass das multifunktionale Bearbeitungszentrum gegenüber der Fremdvergabe vorzuziehen ist. Ausschlaggebend sind vor allem die Kosten, Flexibilität, Liefertreue und die Reaktionszeit. Eine weitere Betrachtung des Dienstleisters wird ab hier nicht mehr berücksichtigt.

5.4. Dynamische Investitionsrechenverfahren

Die dynamische Investitionsrechnung ist ein genaueres Verfahren als die vorangegangene statische Investitionsrechnung. Es werden alle Ein- und Auszahlungen der gesamten Nutzungsperioden, unter Beachtung von Auf- oder Abzinsung, berücksichtigt. Zwar ist die dynamische Rechnung aufwendiger als die statische Rechnung, jedoch wesentlich aussagekräftiger.

5.4.1 Kapitalwertmethode

Die Kapitalwertmetode basiert auf der Überlegung, die Summe aller Einzahlungen mit der Summe aller Auszahlungen einer Investition zu vergleichen, um daraus eine Entscheidung für die Vorteilhaftigkeit der Investition abzuleiten. Um eine Vergleichbarkeit vornehmen zu können, sind die Barwerte zu ermitteln. Nachdem die Auszahlungen pro Periode von den Einzahlungen subtrahiert wurden, erhält man den Überschuss. Danach werden die jährlichen Überschüsse auf den Zeitpunkt der Investition abgezinst (=Barwert) und anschließend die Barwerte kumuliert. Für den Abzinsungsfaktor ist die Kalkulationszinsfußvorgabe 8,5 %. Im 10. Jahr wird zu den Einzahlungen der Restwert von 150.000 € addiert (siehe Tabelle 8). Zum Schluss werden den kumulierten Barwerten die Anschaffungskosten abgezogen. Ist der Kapitalwert positiv, so ist die Investition vorteilhaft.

Einzahlungen:

(Siehe Abschnitt 5.2.1, Tabelle 2)

370 €/Stk. X 3.600 Stk./Jahr =   1.332.000,00 €/Jahr

Auszahlung:

Summe der gesamten Kosten (siehe Abschnitt 5.2.1, Tabelle 2)
ohne kalk. Kosten, da diese nicht auszahlungswirksam sind.

1.283.841,86 € - (132.348,88 € + 57.747,90 €) =   1.093.745,08 €/Jahr

Barwert:

Abzinsungsfaktor x Einzahlungsüberschuss

Abzinsungsfaktor:

$$\frac{1}{q^n}$$

Die folgende Tabelle verdeutlicht, dass die Investition vorteilhaft ist. Neben der Mindestverzinsung von 8,5 % wird ein weiterer Einnahmeüberschuss (Investitionsgewinn) erzielt.

Jahr	Einzahlungen	Auszahlungen	Überschuss	Abzinsungsfaktor 8,5%	Barwert
0		1.208.774,00 €		1	
1	1.332.000,00 €	1.093.745,08 €	238.254,92 €	0,921659	219.589,79 €
2	1.332.000,00 €	1.093.745,08 €	238.254,92 €	0,849455	202.386,90 €
3	1.332.000,00 €	1.093.745,08 €	238.254,92 €	0,782908	186.531,71 €
4	1.332.000,00 €	1.093.745,08 €	238.254,92 €	0,721574	171.918,62 €
5	1.332.000,00 €	1.093.745,08 €	238.254,92 €	0,665045	158.450,34 €
6	1.332.000,00 €	1.093.745,08 €	238.254,92 €	0,612945	146.037,18 €
7	1.332.000,00 €	1.093.745,08 €	238.254,92 €	0,564926	134.596,48 €
8	1.332.000,00 €	1.093.745,08 €	238.254,92 €	0,520669	124.052,06 €
9	1.332.000,00 €	1.093.745,08 €	238.254,92 €	0,479880	114.333,69 €
10	1.482.000,00 €	1.093.745,08 €	388.254,92 €	0,442285	171.719,49 €
Tabelle 8: Kapitalwertberechnung bei 8,5%				Summe Barwert:	1.629.616,27 €
Quelle: Tabelle selbst erstellt (Max Mustermann)				./. Anschaffungskosten:	1.208.774,00 €
				Kapitalwert:	420.842,27 €

5.4.2 Interne Zinsfußmethode

Die interne Zinsfußmethode ist ebenfalls ein Verfahren der dynamischen Investitionsrechnung. Man geht im Gegensatz zur Kapitalwertmethode nicht von einer gegebenen Mindestverzinsung aus, sondern ermittelt anhand von Versuchszinsätzen den Zinssatz, bei dem der Kapitalwert einer Investition gleich Null ist. Dieser Zinssatz wird als interner Zinsfuß bezeichnet. Der interne Zinsfuß gibt also die Rentabilität des eingesetzten Kapitals an und wird mit dem Kalkulationszinssatz verglichen.

Für die Berechnung des internen Zinsfußes wird mithilfe der Versuchszinssätze der 1. Kapitalwert C_{01} und der 2. Kapitalwert C_{02} in den folgenden Tabellen ermittelt. Es wird mit dem Versuchszinssatz i_1 von 14% und Versuchszinssatz i_2 von 17% gerechnet. Je näher die Versuchszinssätze zusammenliegen, umso kleiner ist der Interpolationsfehler.

Anhand der Regula-Falsi-Formel wird im Anschluss der interne Zinsfuß ermittelt:

$$\text{Interner Zinsfuß} = i_1 - C_{01} \times \frac{i_2 - i_1}{C_{02} - C_{01}}$$

Jahr	Einzahlungen	Auszahlungen	Überschuss	Abzinsungsfaktor 14 %	Barwert
0		1.208.774,00 €		1	
1	1.332.000,00 €	1.093.745,08 €	238.254,92 €	0.877193	208.995,54 €
2	1.332.000,00 €	1.093.745,08 €	238.254,92 €	0.769468	183.329,42 €
3	1.332.000,00 €	1.093.745,08 €	238.254,92 €	0.674972	160.815,28 €
4	1.332.000,00 €	1.093.745,08 €	238.254,92 €	0.592080	141.066,04 €
5	1.332.000,00 €	1.093.745,08 €	238.254,92 €	0.519369	123.742,14 €
6	1.332.000,00 €	1.093.745,08 €	238.254,92 €	0.455587	108.545,74 €
7	1.332.000,00 €	1.093.745,08 €	238.254,92 €	0.399637	95.215,56 €
8	1.332.000,00 €	1.093.745,08 €	238.254,92 €	0.350559	83.522,42 €
9	1.332.000,00 €	1.093.745,08 €	238.254,92 €	0.307508	73.265,28 €
10	1.482.000,00 €	1.093.745,08 €	388.254,92 €	0.269744	104.729,36 €
Tabelle 9: Kapitalwertberechnung bei 14 %				Summe Barwert:	1.283.226,79 €
Quelle: Tabelle selbst erstellt (Max Mustermann)				./. Anschaffungskosten:	1.208.774,00 €
				Kapitalwert:	74.452,79 €

Bei der Berechnung mit dem Versuchszinssatz i_1 von 14 % ergibt sich ein positiver Kapitalwert C_{01} von 74.452,79 €.

Jahr	Einzahlungen	Auszahlungen	Überschuss	Abzinsungsfaktor 17 %	Barwert
0		1.208.774,00 €		1	
1	1.332.000,00 €	1.093.745,08 €	238.254,92 €	0,854701	203.636,68 €
2	1.332.000,00 €	1.093.745,08 €	238.254,92 €	0,730514	174.048,45 €
3	1.332.000,00 €	1.093.745,08 €	238.254,92 €	0,624371	148.759,36 €
4	1.332.000,00 €	1.093.745,08 €	238.254,92 €	0,533650	127.144,75 €
5	1.332.000,00 €	1.093.745,08 €	238.254,92 €	0,456111	108.670,73 €
6	1.332.000,00 €	1.093.745,08 €	238.254,92 €	0,389839	92.880,96 €
7	1.332.000,00 €	1.093.745,08 €	238.254,92 €	0,333195	79.385,44 €
8	1.332.000,00 €	1.093.745,08 €	238.254,92 €	0,284782	67.850,80 €
9	1.332.000,00 €	1.093.745,08 €	238.254,92 €	0,243404	57.992,14 €
10	1.482.000,00 €	1.093.745,08 €	388.254,92 €	0,208037	80.771,54 €
Tabelle 10: Kapitalwertberechnung bei 17 %				Summe Barwert:	1.141.140,84 €
Quelle: Tabelle selbst erstellt (Max Mustermann)				./. Anschaffungskosten:	1.208.774,00 €
				Kapitalwert:	-67.633,16 €

Bei der Berechnung mit dem Versuchszinssatz i_2 von 17 % ergibt sich ein negativer Kapitalwert C_{02} von - 67.633,16 €.

Für die Berechnung gelten also folgende Werte:

i_1 Versuchszinssatz = 14 %

i_2 Versuchszinssatz = 17 %

C_{01} Kapitalwert (bei 14 %) = 74.452,79 € (siehe Tabelle 9)

C_{02} Kapitalwert (bei 17 %) = - 67.633,16 € (siehe Tabelle 10)

$$\text{Interner Zinsfuß in \%} = i_1 - C_{01} \; x \; \frac{i_2 - i_1}{C_{02} - C_{01}}$$

$$\text{Interner Zinsfuß in \%} = 14\% - (+\,74.452,79\,€) \; x \; \frac{17\% - 14\%}{-\,67.633,16\,€ \; - \; 74.452,79\,€}$$

Interner Zinsfuß = 15,57 %

Für den internen Zinsfuß gelten bei Ersatzinvestitionen folgende Aussagen:

- Ist der interne Zinsfuß gleich dem Kalkulationszinssatz, so werden die eingesetzten Mittel wiedergewonnen.

- Ist der interne Zinsfuß größer als der Kalkulationszinssatz, so errechnet sich eine zusätzliche Verzinsung des Kapitals. Insofern ist die Investition vorteilhaft.

- Ist der interne Zinsfuß kleiner als der Kalkulationszinssatz, so wird die Mindestverzinsung nicht erreicht und die Investition ist unwirtschaftlich.

Da der interne Zinsfuß von 15,57 % über den Kalkulationszinssatz von 8,5% liegt, ist die Investition vorteilhaft und es errechnet sich eine zusätzliche Verzinsung des Kapitals.

6. Ergebnisanalyse und Fazit

Bei der alternativen Investitionsentscheidung über die Neuanschaffung eines multifunktionalen Bearbeitungszentrums oder die Fremdvergabe einer Bauteilfertigung handelt es sich nicht um eine Problematik, die aus dem Bauch heraus entschieden werden kann, sondern vielmehr um eine sehr komplexe Fragestellung. Wird diese zu leichtfertig behandelt und somit eine falsche Entscheidung getroffen, kann es zu schwerwiegenden Folgen führen.

Parallelen der beiden Verfahren:

Beide Alternativen erfüllen die Grundanforderung und können die monatliche Mindestausbringung von 300 Bauteilen vorweisen. Des Weiteren erwirtschaften beide Verfahren einen Gewinn und schneiden bei den in der Nutzwertanalyse ausgewiesenen Qualität und Prozesssicherheit gleich ab.

Vorteile des Dienstleisters Justasia GmbH & Co. KG :

Der Dienstleister Justasia GmbH & Co. KG bestätigt eine hundertprozentige Abdeckung des geforderten Bedarfes, und könnte seine Kapazitäten sogar noch etwas ausbauen. Somit ist die Gefahr geringer, dass es bei steigenden Auftragseingängen zu Engpässen kommen kann.

Vorteile des Bearbeitungszentrums WFL M50 Millturn:

Der errechnete Gewinn liegt bei dem multifunktionalen Bearbeitungszentrum um 12.158,14 €/Jahr höher als beim Dienstleister. Zudem belegt die Nutzwertanalyse, dass die WFL M50 Millturn bei der Liefertreue, Flexibilität und Reaktionszeit neben den Kosten eine höhere Punktzahl erreicht, weil hier durch kurze Dienstwege eine schnelle und unkomplizierte Reaktion erfolgen kann.

Die Rendite des eingesetzten Kapitals liegt bei der Maschine bei 15,59 % brutto und 7,09 % netto. Zudem geht aus den Berechnungen hervor, dass das eingesetzte Kapital für das Bearbeitungszentrum innerhalb von 5,9 Jahren wieder eingenommen wird. Dadurch, dass der interne Zinsfuß von 15,57 % über den Kalkulationszinssatz von 8,5% liegt, ist die Investition vorteilhaft und es errechnet sich eine zusätzliche Verzinsung des Kapitals.

<u>Fazit:</u>

Eine Investition in ein multifunktionales Bearbeitungszentrum ist durch einige Vorteile geprägt, und die Entscheidung für die WFL M50 Millturn ist somit begründet gefallen. Die Kosten-/Gewinnvergleichsrechnung sowie die Nutzwertanalyse zeigen bereits eine eindeutige Vorteilhaftigkeit auf. Die Rentabilitäts- und Amortisationsrechnung sowie die dynamischen Investitionsrechenverfahren verdeutlichen den positiven wirtschaftlichen Nutzen. Die WFL M50 Millturn besitzt alle technischen Voraussetzungen und erbrachte im Unternehmen bereits die erforderlichen Ergebnisse.

Eine Investition in das multifunktionale Bearbeitungszentrum ist nicht nur eine sinnvolle, sondern auch eine logische Schlussfolgerung aus den vorangegangen Berechnungen und Analysen.

7. Anhang

7.1 Abbildungs-, Tabellen- und Quellenverzeichnis

Abbildung 1: Fotoaufnahme Industriegebiet Köln
Quelle: http://www.stadt-koeln.de/wirtschaft/branchen/industrie
(öffentliches Dokument, 13.12.2016, 13:24 Uhr)

Abbildung 2: Fotoaufnahme Industriegebiet Düsseldorf
Quelle: https://de.wikipedia.org/wiki/Nordrhein-Westfalen
(öffentliches Dokument, 14.12.2016, 08:21 Uhr)

Abbildung 3: Johanis & Klaas GmbH Organigramm
Quelle: Organigramm selbst erstellt (Max Mustermann)

Abbildung 4: Ausschnitt Fertigungszeichnung
Quelle: Zeichnung selbst erstellt (Max Mustermann)

Abbildung 5: Baugruppenzeichnung der Zahnradachse
Quelle: Zeichnung selbst erstellt (Max Mustermann)

Abbildung 6: WFL M50 Millturn, multifunktionales Bearbeitungszentrum
Quelle: http://www.wfl.at/Products/Millturns/MillturnsM40M40GM50?sc_lang=de
(11.07.2014, 21:21 Uhr)

Tabelle 1: Ausschnitt der technischen Daten der WFL M50 Millturn
http://www.wfl.at/Products/Millturns/MillturnsM40M40GM50?sc_lang=de
(11.07.2014, 21:53 Uhr)

Tabelle 2: Kosten-/Gewinnvergleichsrechnung
Quelle: Tabelle selbst erstellt (Max Mustermann)

Tabelle 3: Rentabilitätsrechnung (brutto)
Quelle: Tabelle selbst erstellt (Max Mustermann)

Tabelle 4: Rentabilitätsrechnung (netto)
Quelle: Tabelle selbst erstellt (Max Mustermann)

Tabelle 5: Nutzwertanalyse (Kriteriengewichtung)
Quelle: Tabelle selbst erstellt (Max Mustermann)

Tabelle 6: Nutzwertanalyse (Beurteilung)
Quelle: Tabelle selbst erstellt Max Mustermann)

Tabelle 7: Nutzwertanalyse (Ergebnisermittlung)
Quelle: Tabelle selbst erstellt (Max Mustermann)

Tabelle 8: Kapitalwertberechnung bei 8,5 %
Quelle: Tabelle selbst erstellt (Max Mustermann)

Tabelle 9: Kapitalwertberechnung bei 14 %
Quelle: Tabelle selbst erstellt (Max Mustermann)

Tabelle 10: Kapitalwertberechnung bei 17 %
Quelle: Tabelle selbst erstellt (Max Mustermann)

7.2 Begriffs- und Abkürzungsverzeichnis

Knowhow	Erfahrung, Fachkenntnisse
DIN EN ISO 9001	Anforderungen an der Qualitätsmanagementnorm
Aufschrumpfen	Kraftschlüssiges Verbinden
h6	Außenpassmaß
B 10 DIN 332	Richtwerte für Zentrierbohrung
ca.	Circa
Stk.	Stück
€	Euro
GmbH	Form der Kapitalgesellschaft
GmbH & Co. KG	Sonderform der Kommanditgesellschaft
CNC	Computergestützte numerische Steuerung
Mio.	Millionen
$\sqrt{3.2}$	Oberflächenrauheit Ra gemessen in μm
$\boxed{\perp\ 0.029\ A}$	Rechtwinkligkeit
$\boxed{\cancel{\bigcirc}\ 0.020}$	Zylinderform
WFL M50	Produktname Bearbeitungszentrum
3-D	Dreidimensional
LAN	Lokales Netzwerk
mm	Millimeter
min^{-1}	Einheit Drehzahl
bar	Maßeinheit des Drucks
rd.	Rund
Bzw.	Beziehungsweise
Std.	Stunden
p.a.	Per anno (pro Jahr)
m^2	Quadratmeter
KWh	Kilowattstunde
GK	Gemeinkosten
kalk.	Kalkulatorisch
$\emptyset$	Durschnitt
Nr.	Nummer
q^n	Aufzinsungsfaktor
i	Zinsen
C_o	Kapitalwert
u.w.	Und weitere
u.a.	Unter anderem